Sandra Kocheise

Petra Pietsch

Karina Stieler

Liebe Leserin, lieber Leser!

Neue Farben und Formen der Swarovski-Kristallschliff-Perlen bieten eine Vielfalt an Kombinationen. Edle Renaissance-Glaswachsperlen, runde Glasschliffperlen und Rocailles, kombiniert mit Swarovski-Kristallschliff-Perlen, geben jedem einzelnen Schmuckstück eine ganz besondere Note. Ganz herzlichen Dank in diesem Zusammenhang an die Fa. Rayher für die freundliche Bereitstellung des Perlenmaterials.
Die genauen Anleitungen im Buch erleichtern Ihnen das Nacharbeiten. Mit spannenden Fädeltechniken können Sie Ihre eigenen Schmuckstücke herstellen und wir hoffen, dass Sie ebenso begeistert sind wie wir. Zu jeder Gelegenheit glänzen Sie zeitlos schön mit Kreationen der grenzenlosen Gestaltungsmöglichkeiten.

Wir wünschen Ihnen viel Spaß und Freude
mit wunderschönen Perlen!
Ihre

S. Kocheise Karina Stieler

Petra Pietsch

Inhaltsverzeichnis

Perlonfaden
Nylondraad
Nylon thread
Fil perlon
Filo in Perlon
100 m 2,7 kg
0,25 mm Ø
89-003-00
Rayher
HOBBYKUNST
4 006166 109621
www.rayher-hobby.de

Material, Tipps und Fachbegriffe

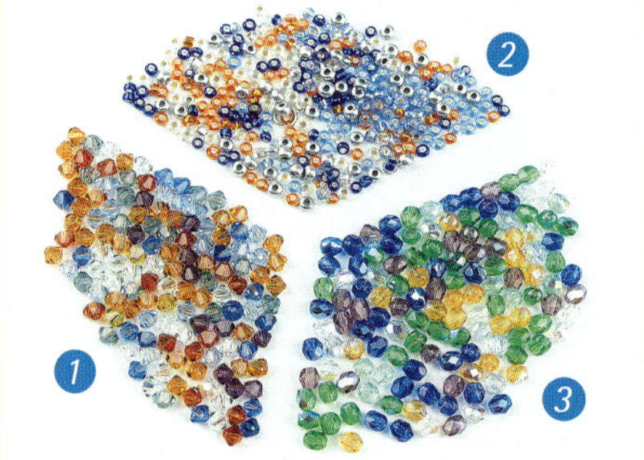

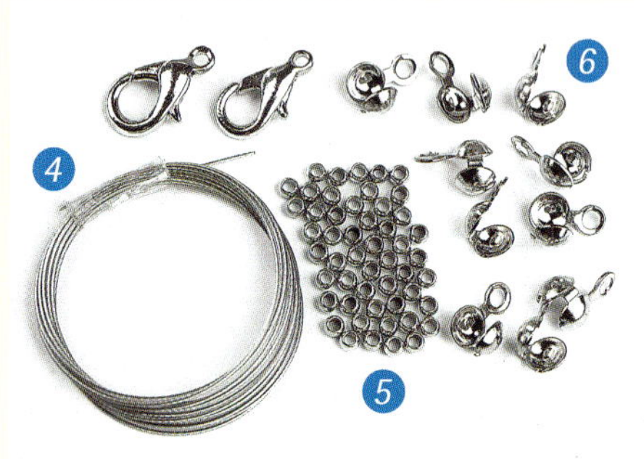

Swarovski-Perlen

Die bunten Glaskristalle erhalten durch den speziellen Swarovski-Kristallschliff ihre außergewöhnliche Brillanz (1).

Rocailles

Die Glasperlen gibt es in verschiedenen Größen und Farbkombinationen von transparent über opak bis gestreift (2).

Glasschliffperlen

Geschliffene Glasperlen haben eine ovale Form und werden für den so genannten Unterbau verwendet (3).

Perlonfaden

Grundsätzlich nur einen Perlonfaden mit der Stärke 0,25 mm (s. Abb. Seite 3) benutzen, da bei manchen Techniken mehrmals durch eine Perle gefädelt wird.

Schmuckdraht

Der in diesem Buch verwendete Schmuckdraht ist kunststoffummantelt, gut zu verarbeiten und angenehm zu tragen (4).

Quetschperle

Die Quetschperle (5) ist unersetzlich. Sie dient z. B. am Ende der Perlenreihe als Festsetzer oder Abstandshalter. Diese Perle immer mit einer Flachzange fest zudrücken, da es sich um ein hartes Metall handelt. Vorsicht bei den Perlonfäden! Hierbei nicht zu fest drücken, sonst sind die Fäden gekappt.

Quetschkalotte

In die Quetschkalotte (6) wird die Quetschperle gelegt. Dabei einen Tropfen Schmuck-Kleber hinzufügen und die Kalotte mit der Flachzange vorsichtig schließen. An der Öse der Quetschkalotte können Verbindungselemente eingehängt werden.

Ringel

Mit dem Ringel, auch Biegering oder Verbindungsring genannt, können verschiedene Elemente zusammengefügt werden (s. Abb. Seite 3). Ringel mit einer Flachzange öffnen und schließen.

Alle Metallteile sind nickelfrei.

Kleber
Immer speziellen Schmuck-Kleber verwenden, niemals einen Kleber benutzen, der Dämpfe abgibt. Diese Dämpfe können sich auf die Perlen niederschlagen und diese blind machen. Manche Kleber versteifen Perlonfäden so sehr, dass sie brechen. Keinen Sekunden-Kleber verwenden!

Perlenaufreihnadel
Als Hilfsmittel zum Auffädeln gibt es die so genannte Perlenaufreihnadel. Sie ist so dünn, dass sie selbst durch eine Rocaille mit 2 mm Durchmesser gezogen werden kann. Nach dem Einfädeln des Fadens die Öse flach zusammendrücken.

Unerlässliche Werkzeuge
Die Flachzange braucht man grundsätzlich, um jegliche Materialien zu öffnen oder zusammenzudrücken. Eine Rundzange verwendet man, um z. B. kleine Ösen zu biegen. Die Spitzpinzette (s. Seite 3) ist ein gutes Hilfsmittel, um z. B. einen Perlonfaden aus einer Perle zu ziehen.

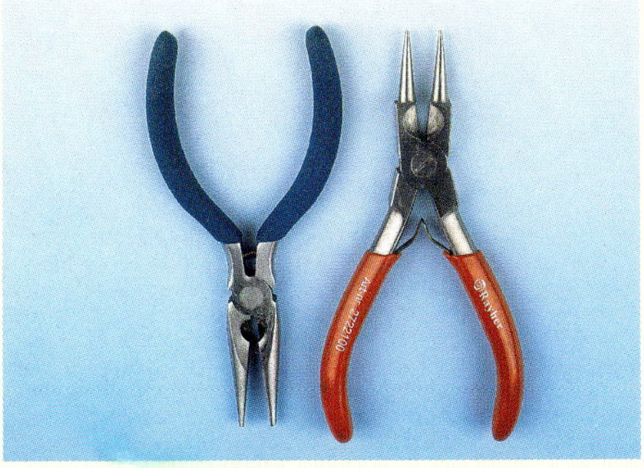

Vernähen
Hierbei werden die Fadenenden durch verschiedene Perlen gefädelt. Es verhindert das Herausrutschen des Fadens und erhöht teilweise die Stabilität. Dabei darauf achten, dass die Fäden nicht seitlich an einem Schmuckstück erscheinen.

Verknoten
Nach dem Vernähen die Fadenenden zu einem Doppelknoten schlingen. Auf diesen einen Tropfen Schmuck-Kleber geben und nochmals eine Schlinge in den Kleber legen. Dabei darauf achten, dass der Knoten unsichtbar ist. Den Kleber gut trocknen lassen, die Fäden nochmals durch die Perlen ziehen und dann abschneiden. Somit hat man die Gewissheit, dass sich der Knoten nicht mehr öffnet.

Kreuzen
Den linken Faden von links nach rechts, den rechten Faden von rechts nach links durch die Öffnung der Perle fädeln, sodass sich die Fäden in der Perle kreuzen. Beide Fadenenden auseinander ziehen. Das Kreuzen ist mit das Wichtigste bei der Herstellung der Schmuckstücke, da sie durch diese Technik ihre Stabilität und Form erhalten.

Tipps zu den Anleitungen: *Die in den Anleitungen angegebenen Stückzahlen entsprechen den jeweiligen Mustern. Fingerringe, Armbänder und Ketten beim Fertigen mehrmals anprobieren und so die richtigen Größen und Längen abmessen. Die Arbeit immer wieder wenden und teilweise von der Rückseite arbeiten, dann lässt sich ein Fadenverlauf besser nachvollziehen.*

Traumhafte Fingerringe

1. Für den Ring in Capriorange auf den Perlonfaden drei Glasschliffperlen aufziehen und die Fadenenden durch eine vierte kreuzen. Auf jeden Faden eine Glasschliffperle fädeln und die Fäden durch eine dritte kreuzen.

2. Zwischen allen Perlen laut Abb. 1 eine Olive und eine Rocaille auffädeln und den Faden jeweils durch die Olive zurückführen. Die Fäden durch die erste Glasschliffperle kreuzen. Anschließend den Überbau laut Abb. 2 fertig stellen.

3. Für die Ringschiene auf jeden Faden eine Rocaille fädeln und die Fäden durch eine Glasschliffperle kreuzen. Bis zur gewünschten Größe weiterarbeiten, dann die Fäden durch die erste Perle kreuzen.

4. Der Ring in Aquamarin wird im Prinzip ebenso gefertigt (siehe Abb. 3). Die Ringschiene besteht aus Rocailles. Der Ring in Weißopal wird laut Abb. 4 aufgefädelt. Der Überbau (siehe Abb. 5) wird zweimal gearbeitet. Die Ringschiene laut Schritt 3 arbeiten.

1
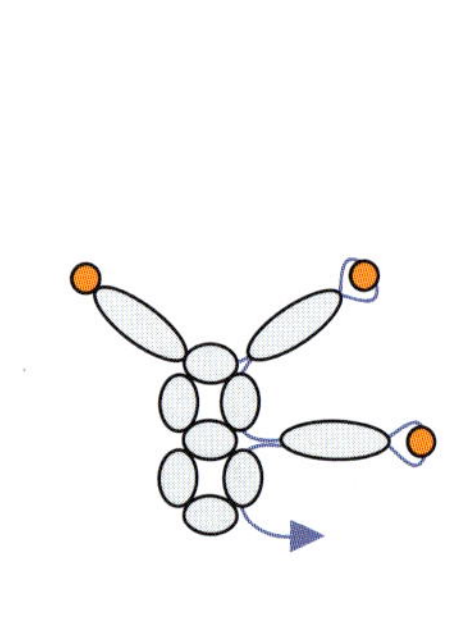

2
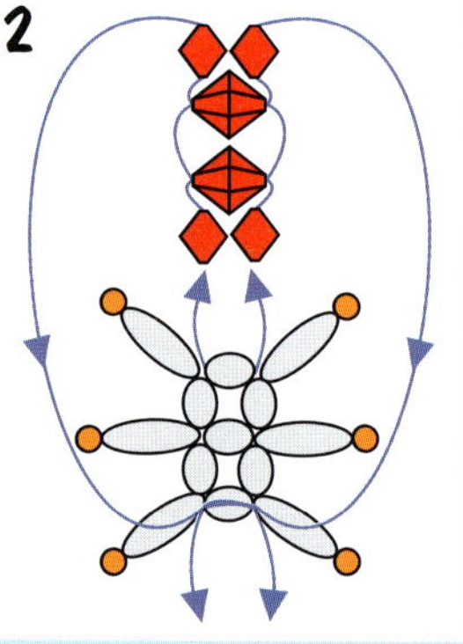

3
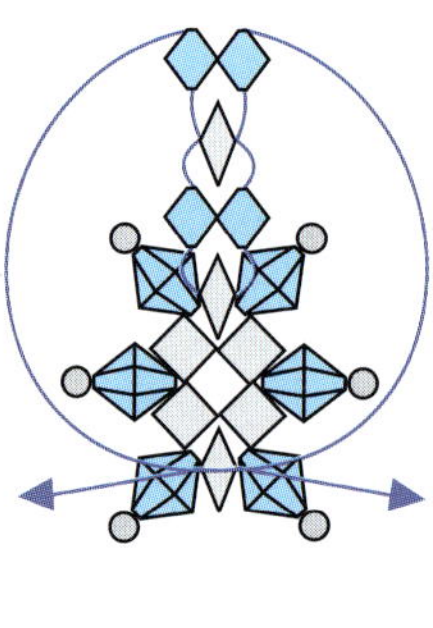

4
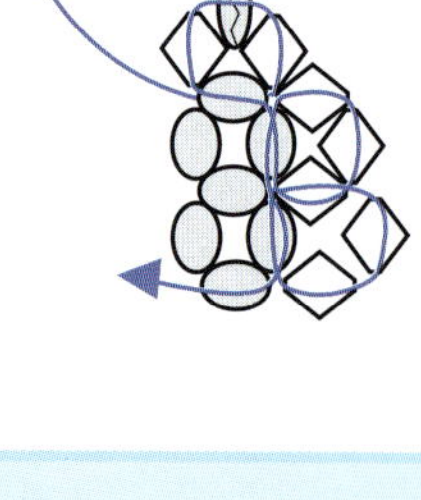

5
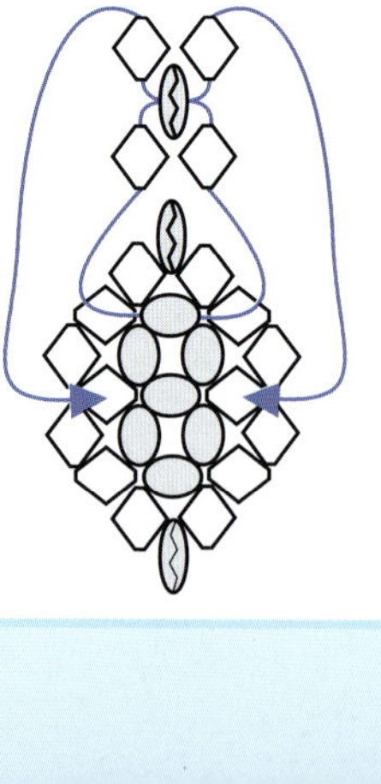

Material

Ring in Capriorange

- *Swarovski-Kristallschliff-Perlen: 6 in Capriorange, Ø 4 mm, 2 mit Ø 6 mm*
- *Glasschliffperlen in Bergkristall: 18 mit Ø 4 mm, 6 Oliven, 6 x 4 mm*
- *30 Rocailles in Orange, Ø 2 mm*
- *40 cm Perlonfaden, Ø 0,25 mm*

Für den Ring in Aquamarin

- *Swarovski-Kristallschliff-Formen: 4 Perlen in Aquamarin, Ø 4 mm, 6 mit Ø 6 mm, 3 Scheiben in Mondstein, Ø 6 mm, 4 Würfel in Mondstein, Ø 4 mm*
- *50 Rocailles in Silber, Ø 2 mm*
- *40 cm Perlonfaden, Ø 0,25 mm*

Für den Ring in Weißopal

- *Swarovski-Kristallschliff-Formen: 24 Perlen in Weißopal, Ø 4 mm, 5 Blüten in Mondstein, Ø 6 mm*
- *18 Glasschliffperlen in Bergkristall, Ø 4 mm*
- *24 Rocailles in Weiß, Ø 2 mm*

Perlenzauber

1. An den Enden der Ankerkette den Karabinerverschluss befestigen.

2. Perlen nach Wunsch auf die Prismenstifte bzw. die Kettelstifte auffädeln und jeweils das Stiftende zur Öse biegen.

3. Für jeden Schneeball 4 Glaswachsperlen auf einen 50 cm langen Draht auffädeln und durch eine 5. Perle kreuzen. 3 Perlen auffädeln, beide Drähte durch eine 4. Perle kreuzen. 5 Kreise laut Zeichnung herstellen, dabei die angrenzenden Perlen einbeziehen (Abb. 1). Die letzte Perle zum Kreuzen und Beenden der Runde verwenden. Für die Krümmung der Kugel 3 Perlen auffädeln, den linken Draht durch eine Innenperle führen, in der 3. Perle kreuzen (Abb. 2). Bis zum Ende der Runde den linken Draht durch 2 Innenperlen führen, auf den rechten 2 Perlen fädeln, in der 2. Perle kreuzen. Zum Schließen des Balls den linken Draht durch 3 Innenperlen führen, auf den rechten 1 Perle fädeln und in dieser kreuzen. Die Drähte verdrehen.

4. Die Anhänger mit kleinen Ringen an der Ankerkette befestigen, dabei für jeden Schneeball drei Kettengliedern frei lassen. Zum Schluss die Schneebälle mit großen Ringen befestigen.

1

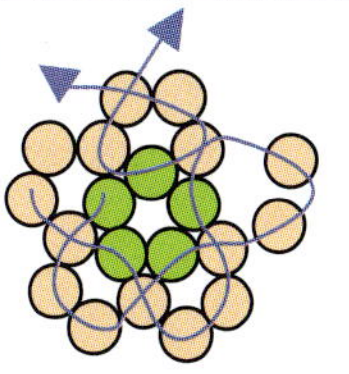

2

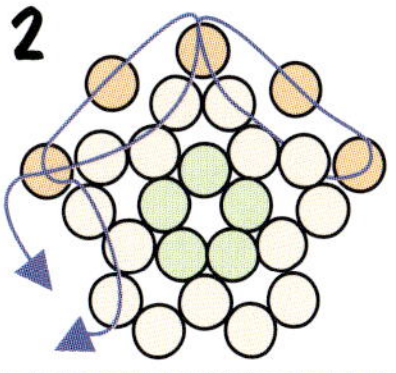

Material

- *Ovale Ringe in Gold, 5,2 x 3,7 mm groß*
- *je 1 Ankerkette in Gold, ca. 18 cm lang (Kettenglied 3 x 5 mm)*
- *je 1 Karabinerhakenverschluss in Gold*

Für Armband in Gold

- *Swarovski-Kristallschliff-Perlen in Gold, Ø 4 mm*
- *Rocailles in Gold, Ø 2 mm*
- *Prismenstifte in Gold, 40 x 0,7 mm*
- *Renaissance-Glaswachsperlen in Weiß, Muschelrosa und Kaschmir, Ø 6 mm, 8 mm und 10 mm*

Für Armband in Blau-Weiß

- *Renaissance-Glaswachsperlen in Weiß, Ø 4 mm*
- *Glaswürfel in Dunkelblau und Hellblau, jeweils 6 x 6 und 4 x 4 cm*
- *Swarovski-Kristallschliff-Perlen: in Eisblau, Ø 4 mm, 6 mm und 8 mm und in Nachtblau, Ø 4 mm und 8 mm*
- *runde Glasschliffperlen in Azurblau, Ø 10 mm*
- *Kettelstifte in Platin, 0,7 x 40 mm*
- *ovale Ringe in Platin, Ø 7 x 5 mm*
- *Schmuckdraht in Silber, Ø 0,2 mm*

Bettelarmbänder und Ohrclips

1. Für das Armband mit Herzen auf sechs Kettelstifte Perlen in zwei verschiedenen Folgen auffädeln und diese zum Armband verbinden. Herzen sowie die Prismenstifte mit aufgefädelten Perlen anbringen und den Verschluss befestigen.

2. Für das Armband mit Kreuzen am Anfang des Stahlseils mit Hilfe einer Quetschperle eine Schlaufe legen, Perlen auffädeln, am Ende ebenfalls eine Schlaufe anbringen. Den Karabinerverschluss befestigen und Kreuze sowie Perlenstifte anhängen.

3. Für die Ohrclips eine Rocaille am Schmuckdraht festknoten, den Draht durch das Sieb ziehen und dieses laut Skizze besticken. Das Herz in die Mitte kleben, dabei weißes Papier unterlegen, dann das Sieb auf dem Clip befestigen.

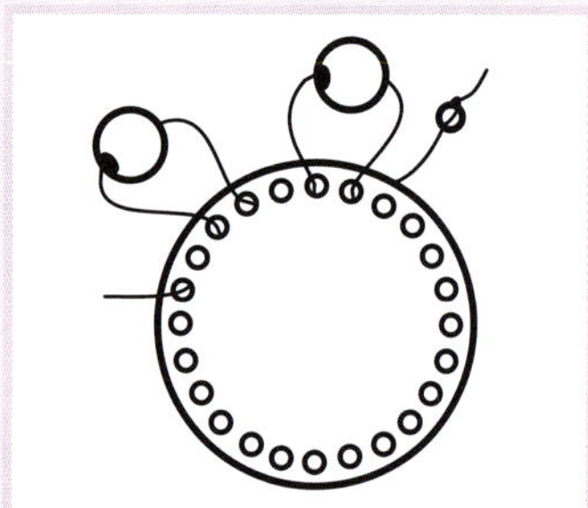

Material

- *Kettelstifte*
- *Prismenstifte*
- *Ringe, Ø 7 mm*
- *je 1 Karabinerhakenverschluss*

Für das Armband mit Herzen

- *Rillenperlen-Oliven in Gold, 8 x 10 mm*
- *Swarovski-Kristallschliff-Formen: Würfel, 4 x 4 mm, Herzen, Ø 14 und 17 mm*
- *Renaissance-Glaswachsperlen in Bordeaux, Ø 6 und 10 mm*
- *Wachsperlen in Dunkelblau, Ø 6 mm*

Für das Armband mit Kreuzen

- *Swarovski-Kristallschliff-Formen: Tropfen, 11 x 5,5 mm, Perlen, Ø 8 mm und 4 mm, Schmuckkreuz, Ø 20 mm, Kreuz, 20 x 16 mm, Würfel, 4 x 4 mm*
- *Alabaster-Rocailles in Hellblau, Ø 2,6 mm*
- *Rillenperlen-Oliven in Silber, 10 x 13 mm*
- *Quetschperlen in Platin*
- *ovale Ringe in Platin, 5,2 x 3,7 mm*
- *22 cm Edelstahl-Drahtseil, Ø 0,54 mm*

Für die Ohrclips

- *Swarovski-Kristallschliff-Herzen, Ø 14 mm*
- *2 kleine, goldene Rocailles*
- *Renaissance-Glaswachsperlen in Bordeaux, Ø 6 mm*
- *Wachsperlen in Dunkelblau, Ø 4 mm und 6 mm*
- *Ohrclips mit Sieb in Gold, Ø 20 mm*
- *40 cm Schmuckdraht in Gold, Ø 0,25 mm*
- *etwas weißes Papier*
- *Zwei-Komponenten-Kleber*

Ganz schön auf Draht!

1. Für die Kette auf 120 cm langen Schmuckdraht eine Glasschliffperle und eine kleine Renaissance-Perle aufziehen und die Drahtenden durch eine silbergraue Perle kreuzen, dabei den Draht zu einem großen Kreis legen.

2. Im Wechsel auf den linken und rechten Draht Perlen laut Foto aufziehen und den Draht kreuzen. Zum Schluss über beide Drahtenden zusammen drei Perlen und eine Quetschperle aufziehen. Diese zudrücken, in eine Quetschkalotte legen und einen Ringel anbringen.

3. Am anderen Kettenende ein Stück Schmuckdraht durch die erste Perle ziehen, die Seite wie die vorige fertig stellen und den Federring anbringen.

4. Das Armband wird wie die Kette gefertigt. Der Schmuckdraht sollte etwa 70 cm lang sein.

5. Für die Ohranhänger auf einen Perlonfaden drei Perlen aufziehen und die Fadenenden durch eine vierte Perle kreuzen.

6. Beide Fäden durch eine Perle in Bordeaux und nochmals durch die gegenüberliegende Perle kreuzen. Einen Faden durch drei Perlen zurückfädeln, so dass beide Fäden zwischen zwei Perlen liegen. Über beide Fäden eine Perle und eine Quetschperle ziehen. Die Quetschperle zudrücken und das Perlenkarree auf die Ohrsteckerplatte kleben.

Material

- *6 Quetschperlen in Silber*
- *6 Quetschkalotten in Silber*
- *4 Ringel*
- *ca. 1,90 m Schmuckdraht, Ø 0,4 mm*
- *30 cm Perlonfaden, Ø 0,25 mm*
- *2 Federringverschlüsse in Silber*
- *2 Ohrstecker in Silber*
- *Schmuck-Kleber*

Für das Armband

- *Renaissance-Glaswachsperlen:*
  2 in Silbergrau, Ø 12 mm, 1 mit Ø 10 mm,
  je 1 in Anthrazit, Ø 12 mm und 10 mm,
  je 1 in Bordeaux, Ø 12 mm und 10 mm
- *6 Glasschliffperlen in Smaragd, Ø 6 mm*

Für die Kette

- *Renaissance-Glaswachsperlen:*
  je 1 in Bordeaux, Ø 12 mm, 4 mm, 10 mm und 2 mit Ø 6 mm,
  je 2 in Silbergrau, Ø 6 mm und 10 mm und 1 mit Ø 12 mm
  je 1 in Anthrazit, Ø 6 mm, 10 mm und 4 mm, 2 mit Ø 12 mm
- *8 Glasschliffperlen in Smaragd, Ø 10 mm*

Für die Ohrringe

- *Renaissance-Glaswachsperlen:*
  2 in Anthrazit, Ø 6 mm,
  2 in Bordeaux, Ø 4 mm,
  8 in Silbergrau, Ø 4 mm

Feurige Herzen

1. Für das Armband auf Kettelstifte sieben Armbandglieder, bestehend aus je zwei Glaswachsperlen in Anthrazit und einer Glasschliffperle in Rot, auffädeln. Das Ende der Kettelstifte kürzen, zur Öse biegen und die Glieder miteinander verbinden.

2. An den Enden des Armbandes den Karabinerverschluss anbringen.

3. Kleine und mittlere Herzen mit Ringen versehen und an die Verbindungen zwischen den Armbandgliedern hängen.

4. Aus Kettelstiften, kleinen Wachsperlen und kleinen Herzen Anhänger herstellen und diese mit ovalen, silbernen Ringen ebenfalls an das Armband hängen.

5. Das Collier auf 60 cm langem Stahlseil wird von der vorderen Mitte her gearbeitet: Ein großes Herz an drei silbernen Ringen bildet die Mitte. Links und rechts schließen sich jeweils eine anthrazitfarbene Wachsperle mit 8 mm Durchmesser, eine rote Glasschliffperle und wieder eine Wachsperle an.

6. Danach folgt auf beiden Seiten der Ringaufhängung für das nächste Herz eine Quetschperle. Diese durch Zudrücken in der Mitte des Stahlseiles fixieren. Die Quetschperlen nicht zu nah an die Wachsperlen setzen, sondern 1–2 mm Luft lassen.

7. Jede Seite der Kette nun identisch fertig gestalten, dabei ab und zu Quetschperlen setzen. Diese halten die Kette in Form. Die Kristallherzen wechseln sich mit Anhängern aus Wachsperlen und roten Glasperlen ab. Die letzten 10 cm Kette auf beiden Seiten werden ohne Anhänger gearbeitet.

8. Die beiden letzten Perlen sind 4 mm große Glaswachsperlen. Die Enden des Stahlseils jeweils zu einer kleinen Schlaufe legen und diese mit einer Quetschperle fixieren. An den Kettenenden den Karabinerverschluss anbringen.

Material

- *Swarovski-Kristallschliff-Perlen in Rot, Ø 6 mm*
- *Renaissance-Glaswachsperlen in Anthrazit, Ø 8 mm und 4 mm*
- *Kettelstifte in Platin, 50 x 0,7 cm*
- *runde Ringe in Platin, Ø 7 mm*
- *ovale Ringe in Platin, Ø 5 mm und 7 mm*

Für das Armband
- *Swarovski-Kristallschliff-Herzen in Rot, Ø 10 und 14 mm*
- *1 Karabinerverschluss in Platin*

Für das Collier
- *Swarovski-Kristallschliff-Herzen in Rot, Ø 17 mm und 14 mm*
- *Quetschperlen in Platin*
- *Edelstahl-Drahtseil, Ø 0,54 mm*
- *1 Karabinerverschluss in Platin mit Kette*

Filigranes Set in Rot und Schwarz

1. Für die Kette auf einen 0,45 m langen Schmuckdraht Perlen in folgender Reihenfolge aufziehen: Quetschperle, Perle in Klassikrot, große schwarze Perle, Perle in Klassikrot, zwei Quetschperlen, kleine schwarze Perle, X-Würfel, kleine schwarze Perle und Quetschperle. Die Perlenfolge zweimal wiederholen, dabei vor und nach dem Würfel drei Quetschperlen aufziehen. Die Kette gegengleich beenden.

2. Drei Schmuckdrähte in verschiedenen Längen zuschneiden. Jede Drahtlänge noch zwei weitere Male zuschneiden.

3. Auf alle neun Drähte je eine Quetschperle aufziehen und zudrücken. Laut Zeichnung auf ein Drahtstück jeder Länge Perlen auffädeln, mit einer Quetschperle enden und diese zudrücken.

4. Alle drei Drähte durch die mittlere der drei Quetschperlen der Kette ziehen, die Drähte mittig legen, Quetschperle zudrücken und die Drähte gegengleich beenden. Die übrigen Drähte ebenso anbringen.

5. Am Kettenende eine Quetschperle aufziehen und mit Hilfe der Quetschkalotten den Verschluss anbringen.

6. Für die Ohrringe zwei Schmuckdrahtstücke laut Zeichnung auffädeln und die Quetschperlen zudrücken. Die Enden des langen Drahtes mit einem Ende des kurzen über eine Quetschperle ziehen, diese zudrücken, in eine Quetschkalotte legen und den Ohrhaken anbringen.

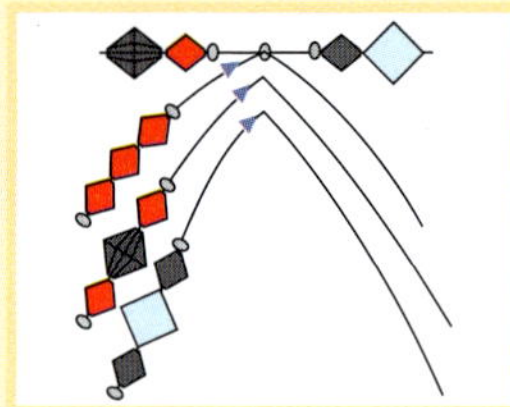

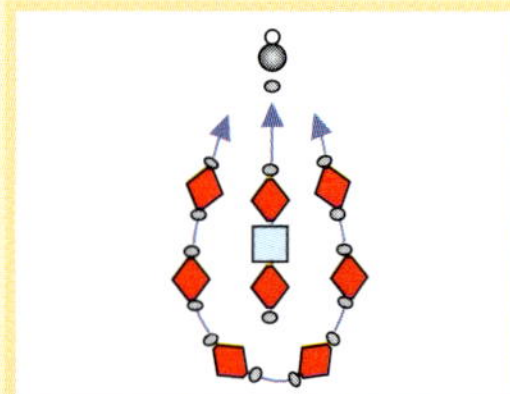

Material

Für die Kette
- *Swarovski-Kristallschliff-Formen:*
  42 Perlen in Klassikrot, Ø 4 mm,
  24 Perlen in Schwarz, Ø 4 mm,
  12 Perlen in Schwarz, Ø 6 mm
- *12 X-Würfel in Mondstein, Ø 6 mm*
- *65 Quetschperlen in Silber*
- *2 Quetschkalotten in Silber*
- *1 Karabiner in Silber*
- *1 m Schmuckdraht in Silber, Ø 0,4 mm*

Für die Ohrringe
- *Swarovski-Kristallschliff-Formen:*
  16 Perlen in Klassikrot, Ø 4 mm,
  2 X-Würfel in Mondstein, Ø 6 mm
- *30 Quetschperlen in Silber*
- *2 Quetschkalotten in Silber*
- *2 Ohrhaken in Silber*
- *30 cm Schmuckdraht in Silber, Ø 0,4 mm*

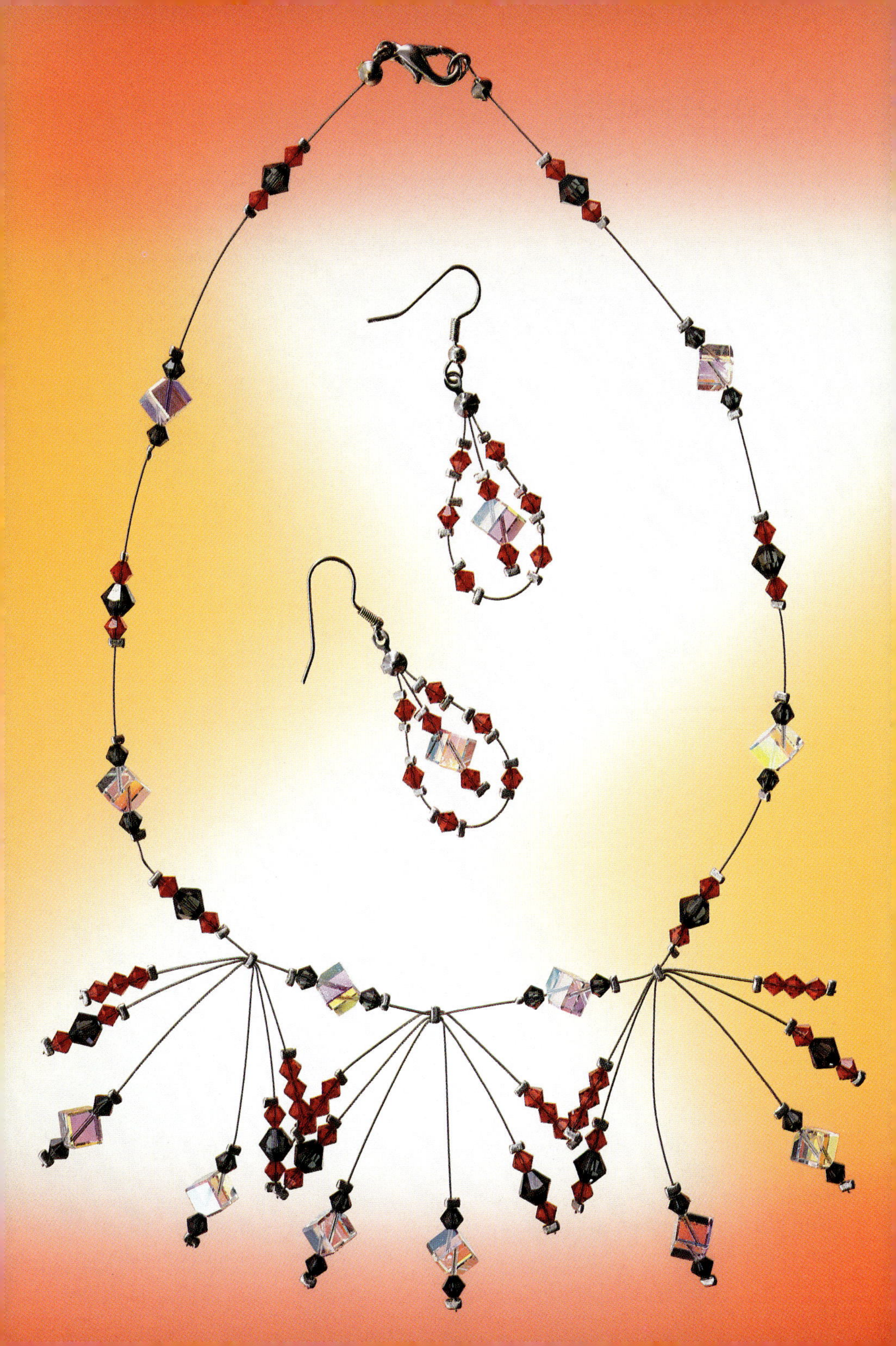

Kristallträume

Buntes Bettelarmband

1. Große Perlen einzeln, kleine paarweise auf Kettelstifte fädeln und die Stiftenden zu Ösen biegen. Die Stifte ineinander hängen und zu einem Armband verbinden. An den Enden den Karabinerverschluss befestigen.

2. In die Kristallschliff-Formen einen Ringel einhängen, Perlen in den gewünschten Farben auf Prismenstifte aufziehen und diese am Ende zur Öse biegen. Danach die Stifte und Formen an den Ösen des Armbandes anbringen.

Bettelarmband in Kristall

1. Zunächst je zwei Perlen auf die Kettelstifte fädeln, das Ende jeden Stiftes zur Öse biegen und in die Öse des nächsten Kettelstiftes einhängen. In dieser Weise Stifte bis zur gewünschte Länge zu einem Armband verbinden. Dann den Verschluss anbringen.

2. Die ausgewählten Anhängeteile auf Prismenstifte fädeln, eine Öse biegen und in die Ösen des Armbands einhängen. Herzen, Kreuze usw. mit einem Ringel an den Ösen des Armbands einhängen.

Material

Buntes Bettelarmband

- *Renaissance-Glaswachsperlen, Ø 6 mm und 8 mm*
- *Swarovski-Kristallschliff-Formen: Kreuz, Herz, Tropfen, Würfel, X-Würfel, Scheibe*
- *Prismenstifte*
- *Kettelstifte*
- *Ringel*
- *Karabinerverschluss*

Bettelarmband in Kristall

- *Renaissance-Glaswachsperlen, Ø 6 mm*
- *Swarovski-Kristallschliff-Formen: Kreuz, Herz, Tropfen, Würfel, Scheibe*
- *Prismenstifte*
- *Kettelstifte*
- *Ringel*
- *Karabinerverschluss*

Ensemble in Schwarz-Creme

1. Für die Ohrringe auf einen Perlonfaden eine weiße Perle, über beide Fadenenden eine Perle in Onyx und eine Rocaille fädeln. Die Fäden durch einen Swarovski-Würfel kreuzen. Auf jeden Faden eine Rocaille und eine Perle in Onyx aufziehen und die Fäden durch eine weiße Perle kreuzen. Auf jeden Faden eine Perle in Onyx, eine weiße Perle und eine Perle in Onyx fädeln.

2. Die Fäden durch die vorhandene Perle in Onyx und die Rocaille zurückfädeln, dann durch den Würfel kreuzen. Eine Rocaille, eine Perle in Onyx, eine weiße Perle und eine Perle in Onyx je Faden aufziehen und die Fäden durch die erste weiße Perle kreuzen (siehe Abb.).

3. Je Faden eine Rocaille aufziehen und die Fäden durch eine dritte und vierte Rocaille kreuzen, dann vernähen, verknoten und die Ohrhaken anbringen.

4. Für das Armband auf Schmuckdraht eine Quetschperle aufziehen, dann Perlen wie folgt aufziehen: Eine große weiße Perle, eine kleine Perle in Ebenholz, eine Rocaille, eine kleine Perle in Ebenholz, eine große weiße Perle, eine Rocaille, eine große Perle in Ebenholz, eine Rocaille und eine große weiße Perle. Die Perlenfolge dreimal wiederholen, mit einer kleinen Perle in Ebenholz, einer Rocaille, einer kleinen Perle in Ebenholz und einer großen weißen Perle enden. Eine Quetschperle aufziehen und zudrücken und den Verschluss anbringen.

5. Für die Anhänger immer einen Perlonfaden durch eine Rocaille ziehen und auf diesen Faden Perlen nach Wunsch aufziehen. Stets mit einer Quetschperle enden und diese zudrücken.

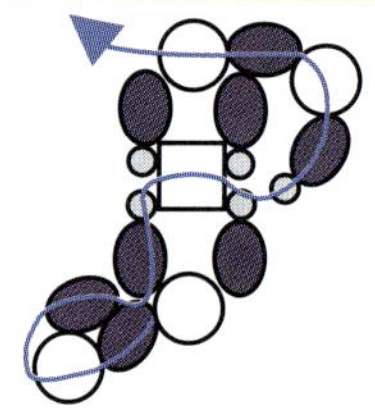

Material

Für die Ohrringe

- *12 Renaissance-Glaswachsperlen in Weiß, Ø 4 mm*
- *24 Glasschliffperlen in Onyx, Ø 4 mm*
- *2 Swarovski-Kristallschliff-Würfel in Mondstein, Ø 4 mm*
- *20 Rocailles in Silber, Ø 2 mm*
- *50 cm Perlonfaden, Ø 0,25 mm*
- *2 Ohrhaken in Silber*

Für das Armband

- *Renaissance-Glaswachsperlen in Weiß: 12 mit Ø 8 mm, 33 mit Ø 4 mm*
- *37 Swarovski-Kristallschliff-Perlen in Ebenholz, Ø 4 mm, 8 mit Ø 6 mm*
- *105 Rocailles in Silber, Ø 2 mm*
- *35 cm Schmuckdraht, Ø 0,4 mm*
- *50 cm Perlonfaden, Ø 0,25 mm*
- *2 Quetschperlen in Silber*
- *2 Quetschkalotten in Silber*
- *2 Ringel und 1 Steckverschluss in Silber*

Eleganz in Onyx

Armband

1. Auf einen 2 m langen Perlonfaden drei Glasschliffperlen aufziehen und die Fadenenden durch eine vierte Perle kreuzen. Auf den linken Faden eine Perle, auf den rechten Faden einen Würfel auffädeln und die Enden durch eine zweite Perle kreuzen (Abb. 1). In dieser Weise zehn Mustersätze auffädeln, enden mit einem Perlenring.

2. Den linken Faden laut Abb. 2 durch drei Perlen zurückfädeln, den rechten Faden durch die danebenliegende Perle ziehen. Die zweite Reihe wie auf Abb. 2 und Abb. 3 dargestellt arbeiten. Am Ende der Reihe den inneren Faden so durch die danebenliegende Perle ziehen, dass beide Fäden außen liegen.

3. Für den Überbau auf jeden Faden je eine Rocaille, eine Perle in Mondstein und eine Rocaille aufziehen. Die Fäden jeweils durch die ersten waagerechten Perlen ziehen, so dass sie wieder außen liegen (Abb. 4). Dann die Fäden laut Abb. 5 nach innen führen und die nächsten Perlen aufnehmen.

4. In die Lücken zwischen den Perlen am Ende der Reihe jeweils eine Rocaille fädeln. Dann beide Fäden zur Mitte führen, eine Quetschperle aufziehen und zudrücken. Die Perle in eine Quetschkalotte legen und den Verschluss anbringen. Am anderen Ende durch die Perlen einen Faden ziehen und entsprechend den Verschlussring befestigen.

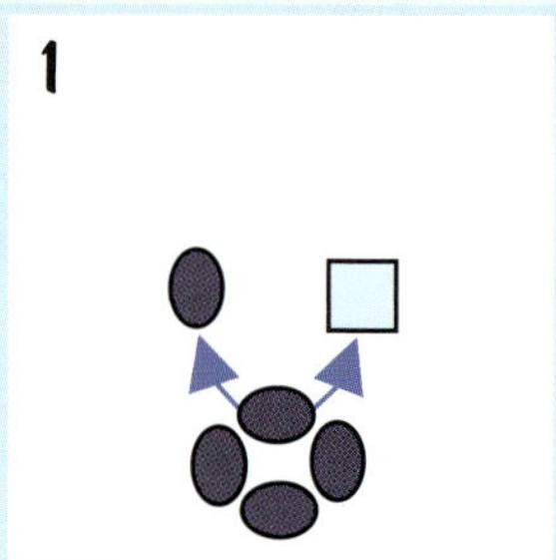

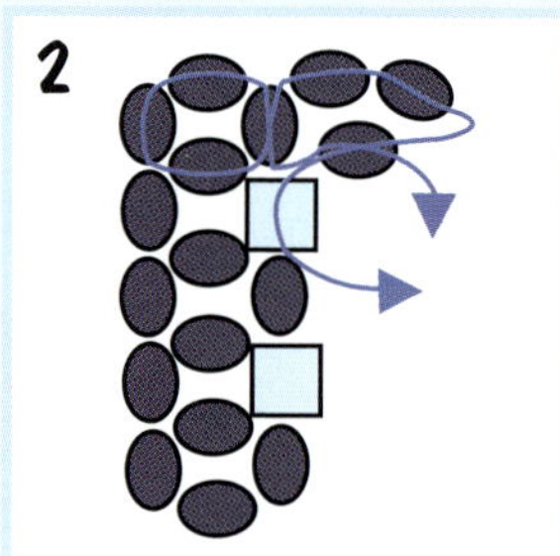

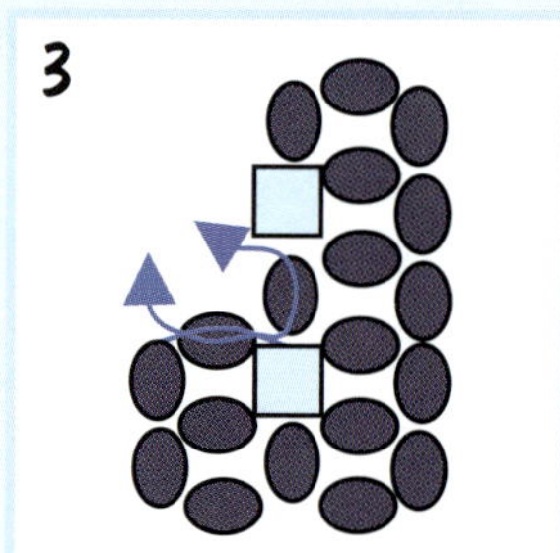

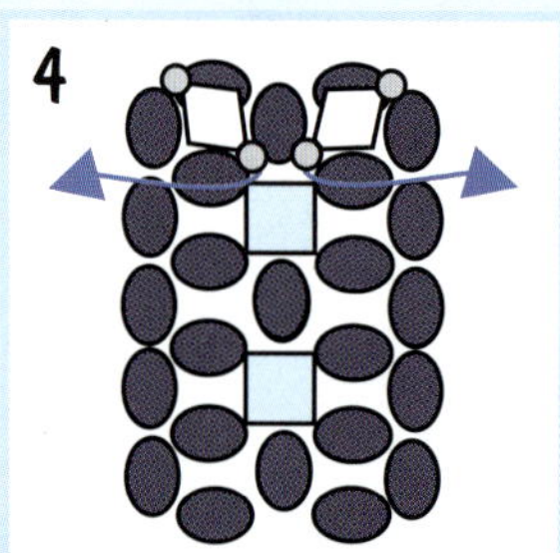

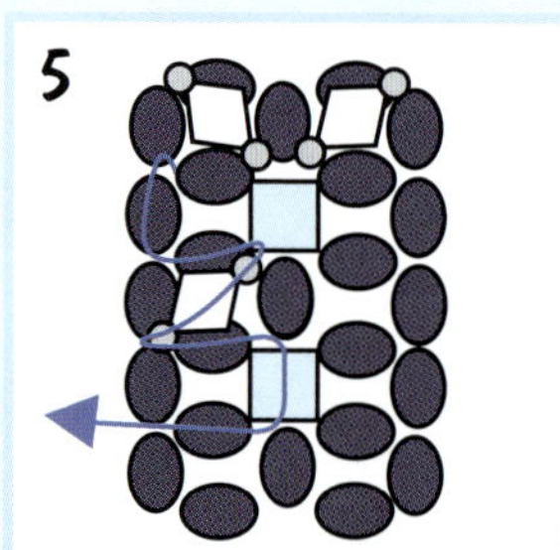

Ring

1. Auf einen Perlonfaden zwei Glasschliffperlen und einen Würfel aufziehen und die Fäden durch eine dritte Glasschliffperle kreuzen. Den Mustersatz achtmal, aber ohne Würfel, wiederholen. Dann auf jeden Faden eine Perle aufziehen und den Ring schließen, indem beide Fäden durch die erste Perle gekreuzt werden (Abb. 1).

2. Den linken Faden durch zwei Perlen und den Würfel zurückfädeln, den rechten Faden durch den Würfel ziehen. Dabei werden beide Fäden durch den Würfel gekreuzt. Auf beide Fäden je eine Perle aufziehen und die Fäden durch eine dritte Perle kreuzen.

3. Den rechten Faden durch eine Perle, den Würfel und eine Perle zurückfädeln, den linken Faden durch die Perle ziehen, sodass die Fäden durch diese gekreuzt liegen.

4. Den innen liegenden Faden durch die senkrechte Perle ziehen, auf den außen liegenden Faden eine Perle fädeln und die Fäden durch eine Perle kreuzen. Den Arbeitsschritt siebenmal wiederholen und so die zweite Reihe arbeiten.

5. Zum Schluss den linken Faden durch die senkrechte Perle ziehen, auf den rechten Faden eine Perle fädeln und den Ring schließen, indem die Fäden durch die erste Perle gekreuzt werden.

6. Für den Überbau zwei Fäden zuschneiden und diese gekreuzt durch den Würfel ziehen. Auf jeden Faden eine Rocaille, eine Perle und eine Rocaille auffädeln und den linken Faden links durch die erste waagerechte Perle, den rechten Faden rechts durch die erste waagerechte Perle ziehen (Abb. 2). Den Überbau gegengleich fertig stellen, dann die Fäden vernähen und verknoten.

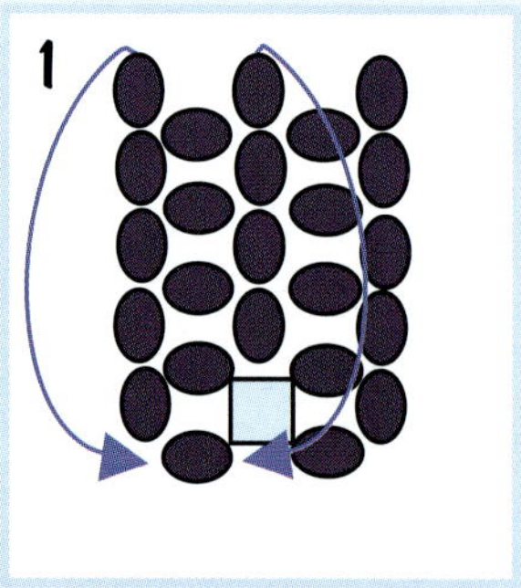

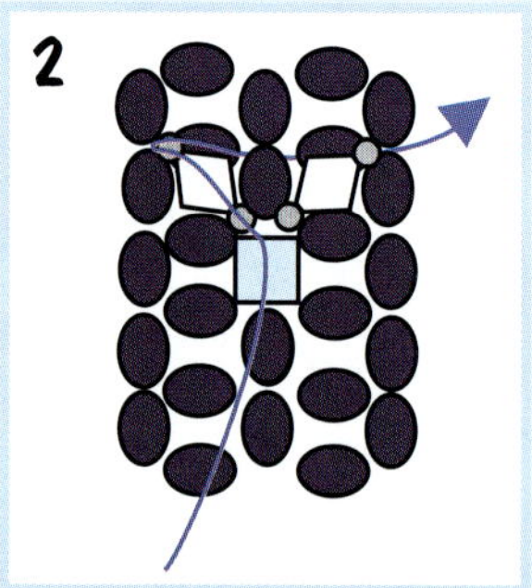

Ohrringe

1. Auf einen Perlonfaden einen Würfel fädeln, über jedes Fadenende eine Glasschliffperle ziehen und die Fäden durch eine dritte Perle kreuzen.

2. Je Faden eine Perle aufziehen und über beide Fäden zusammen eine dritte Perle und Quetschperle fädeln. Diese zudrücken, in eine Quetschkalotte legen und zum Schluss die Ohrhaken anbringen.

Tipps: *Das Ensemble bekommt eine völlig neue Wirkung, wenn Sie den Swarovski-Würfel gegen eine Renaissance-Glaswachsperle oder eine 6 mm große Swarovski-Perle austauschen.*
Glasschiffperlen gibt es in großer Farbvielfalt. Zur Auswahl Ihres Traumensembles legen Sie einfach Perlen Ihrer Lieblingsfarbe auf ein Häufchen. Nun können Sie wenige Swarovski-Kristallschliff-Perlen oder -Formen vereinzelt in das Perlenhäufchen legen, um die Wirkung zu sehen.

Material

Armband

- *106 Glasschliffperlen in Onyx, Ø 4 mm*
- *Swarovski-Kristallschliff-Formen in Mondstein: 24 Perlen, Ø 4 mm, 11 Würfel, Ø 4 mm*
- *98 Rocailles in Silber, Ø 2 mm*
- *2 Quetschperlen in Silber*
- *2 Quetschkalotten in Silber*
- *1 Magnetschließe*
- *2 Ringel in Silber*
- *2 m Perlonfaden, Ø 0,25 mm*

Ring

- *49 Glasschliffperlen in Onyx, Ø 4 mm*
- *4 Swarovski-Kristallschliff-Formen in Mondstein: 4 Perlen, Ø 4 mm, 1 Würfel, Ø 4 mm*
- *40 cm Perlonfaden, Ø 0,25 mm*

Ohrringe

- *12 Glasschliffperlen in Onyx, Ø 4 mm*
- *2 Swarovski-Kristallschliff-Würfel in Mondstein, Ø 4 mm*
- *2 Quetschperlen in Silber*
- *2 Quetschkalotten in Silber*
- *2 Ohrhaken in Silber*

Orientalisches Flair

1. Drei Perlonfäden für das Armband zuschneiden und auf einen Faden 20 Rocailles und eine Perle in Puderrosa im Wechsel auffädeln. Auf den zweiten Perlonfaden 10 Rocailles, eine Perle in Topas, 10 Rocailles, eine Perle in Nougat aufziehen. Auf den dritten Faden alle Perlen in beliebiger Folge oder laut Abbildung aufziehen. Die Farbfolgen jeweils bis zur erforderlichen Länge, für Armband etwa 15 cm, wiederholen.

2. Über alle drei Perlenfäden gemeinsam eine Quetschperle ziehen und diese dann zudrücken. Eine Rocaille in Kristall und eine weitere Quetschperle aufziehen, die zugedrückte Quetschperle in den Verschluss legen, mit Schmuck-Kleber sichern und den Verschluss zudrücken. Die drei Perlenstränge etwas verdrehen und das andere Ende ebenso fertigstellen.

3. Für die Creolen Perlen auf Prismenstifte aufziehen und die Enden der gekürzten Stifte zur Öse biegen. Die Stifte im Wechsel mit Rocailles auf die Creolen fädeln und die Ohrhaken anbringen.

4. Beim Ring mit der Ringschiene beginnen und eine Perle auffädeln. Stets auf beide Fadenenden drei Rocailles aufziehen und die Fäden in einer Perle kreuzen. Mit drei Rocailles enden und die Fäden durch die erste Perle kreuzen. Nun den Ringkopf gestalten: Eine große Perle aufziehen und an der Schiene fixieren, indem die Fäden durch die vorhandenen Perlen gezogen werden. Weitere Perlen nach Wunsch aufziehen und mit der Schiene verbinden.

Material

- *Rocailles in Orange und in Kristall, Ø 2,6 mm*

Für das Armband

- *Renaissance-Glaswachsperlen: Puderrosa, Ø 4 mm, 8 mm und 12 mm, Nougat, Ø 8 mm und 12 mm*
- *Glasschliffperlen in Topas, Ø 6 mm*
- *Quetschperlen in Gold*
- *Schmuckverschluss mit Kette in Gold*
- *Perlonfaden in Weiß, Ø 0,25 mm*

Für die Ohrringe

- *Glasschliffperle in Topas, Ø 6 mm*
- *Renaissance-Glaswachsperlen: Weiß, Ø 12 mm, Puderrosa, Ø 8 mm, Nougat, Ø 8 mm*
- *1 Paar Creolen in Gold, Ø 30 mm*
- *2 Ohrhaken*
- *Prismenstifte, 40 mm*

Für den Ring

- *Renaissance-Glaswachsperlen: Puderrosa, Ø 4 mm, Nougat, Ø 8 mm, Weiß, Ø 12 mm*
- *Glasschliffperlen in Topas, Ø 6 mm*

Auffallend schön

Collier

1. Auf einen 1,5 m langen Perlonfaden drei 4 mm große Perlen in Koralle aufziehen und beide Fadenenden durch eine vierte Perle in Koralle kreuzen. Auf jeden Faden drei Rocailles aufziehen, eine 6 mm große Perle in Orangerot und drei Rocailles aufziehen und die Fäden durch eine 4 mm große Perle in Koralle kreuzen. Auf jeden Faden eine 4 mm große Perle in Koralle aufziehen und die Fäden durch eine dritte kreuzen. Den Mustersatz 17mal wiederholen.

2. Einen Faden durch eine Perle in Koralle, drei Rocailles und die orangerote Perle zurückfädeln und zwei Perlen in Koralle, eine 4 mm große Perle in Orangerot und zwei Perlen in Koralle aufziehen. Den Faden durch die orangerote Perle der bestehenden Kette ziehen, so dass sich ein Kreis bildet. Nun den Faden durch die nächstliegenden zwei Perlen in Koralle fädeln.

3. Je eine Perle in Koralle, eine große orangerote Perle, eine Perle in Koralle, eine kleine orangerote Perle, zwei Perlen in Koralle aufziehen. Den Faden durch die große orangerote Perle der bestehenden Reihe ziehen, zwei Perlen in Koralle aufnehmen und den Faden durch die zuvor aufgenommene kleine orangerote Perle fädeln, so dass ein Kreis entsteht. Den Mustersatz 16mal wiederholen.

4. Mit diesem Faden weiterarbeiten und fünf 4 mm große Perlen in Koralle, eine 6 mm große Perle in Koralle und fünf 4 mm große Perlen in Koralle aufziehen. Den Faden durch die zweite große Perle in Orangerot ziehen und somit den Mustersatz schließen. Diesen Schritt 8mal wiederholen, dann alle Fäden vernähen und verknoten.

5. Durch die erste und letzte Perle je einen Perlonfaden ziehen. An jedem Ende auf jeden Faden eine Rocaille auffädeln und die Fadenenden durch zwei Rocailles kreuzen. Abschließend die Fäden vernähen und verknoten und jeweils einen Ringel, an einer Seite zusätzlich den Karabiner anbringen.

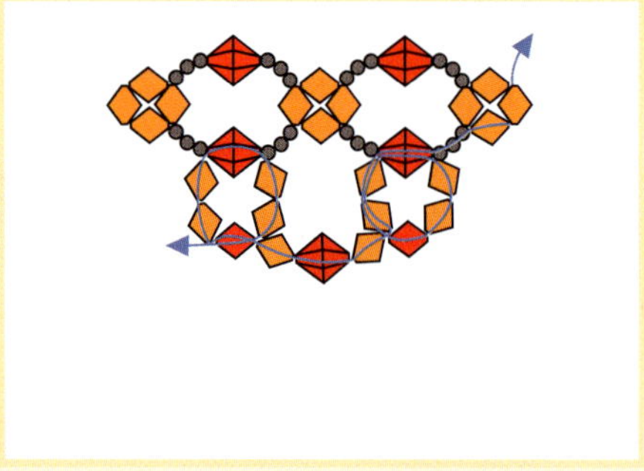

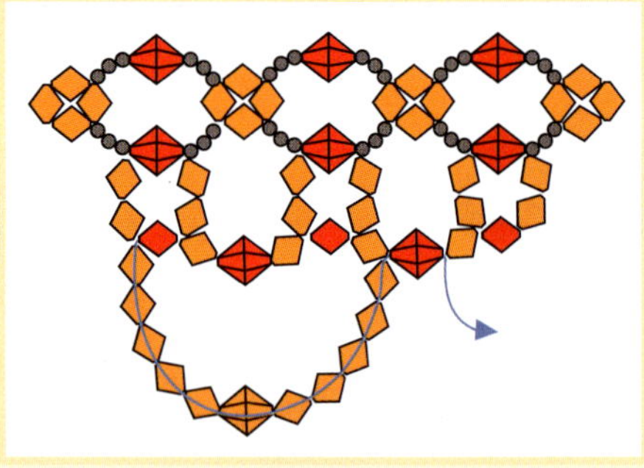

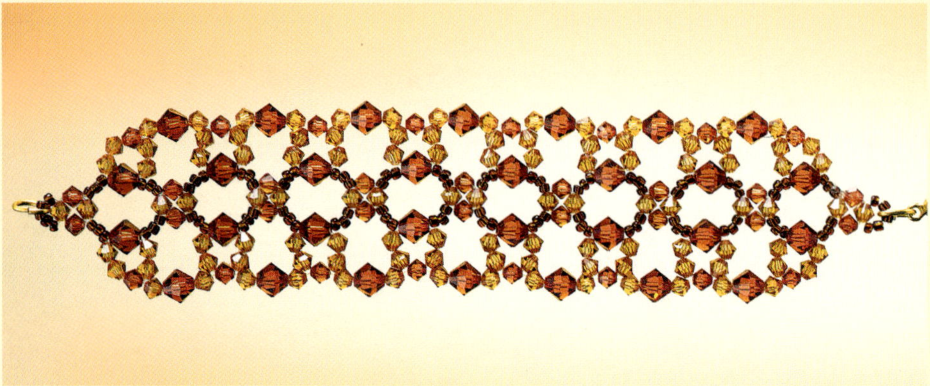

Armband

1. Der mittlere Teil des Armbandes entspricht dem des Colliers: Den kompletten ersten Arbeitsschritt der Kette übernehmen, jedoch die linke und rechte Perle in Koralle durch eine orangerote Perle ersetzen. Den Mustersatz siebenmal wiederholen.

2. Für die äußere Reihe den 2. Schritt der Kette wiederholen und danach den Mustersatz (Schritt 3) arbeiten und sechsmal wiederholen, dabei auch die Farben übernehmen.

3. Mit dem anderen Ende des Perlenfadens am Anfang des Armbands den Mustersatz auf der anderen Seite arbeiten und so das Armband gegengleich beenden.

4. Den Verschluss wie beim Collier beschrieben anbringen, allerdings durch drei Rocailles am Ende kreuzen.

Tipps: *Passen Sie die Schmuckstücke farblich Ihrer Kleidung an. Die Farbauswahl bei Swarovski-Kristallschliff-Perlen wurde noch erweitert, so dass die Kombinationsmöglichkeiten nahezu unbegrenzt sind. Das Spiel mit den Farben macht jetzt noch mehr Spaß.*

Material

Für das Collier

- *Swarovski-Kristallschliff-Perlen:*
  272 in Koralle, Ø 4 mm,
  18 in Orangerot, Ø 4 mm,
  9 in Koralle, Ø 6 mm,
  53 in Orangerot, Ø 6 mm
- *224 Rocailles in Dunkelbraun, Ø 2 mm*
- *2 m Perlonfaden, Ø 0,25 mm*
- *2 Ringel in Gold*
- *1 Karabiner in Gold*

Für das Armband

- *Swarovski-Kristallschliff-Perlen:*
  110 in Koralle, Ø 4 mm,
  34 in Orangerot, Ø 4 mm,
  30 in Orangerot, Ø 6 mm
- *106 Rocailles in Dunkelbraun, Ø 2 mm*

Ohrringe

1. Auf einen Perlonfaden drei 4 mm große Perlen in Koralle aufziehen und die Fadenenden durch eine vierte Perle kreuzen. Auf jeden Faden drei Rocailles fädeln und über beide Fäden zusammen eine orangerote Perle ziehen.

2. Eine Quetschperle aufziehen, zudrücken und in eine Quetschkalotte legen. Zum Schluss den Ohrhaken an der Öse der Quetschkalotte anbringen.

Tipps: *Wer keine Ohrhaken mag, dreht die Anhänger einfach um und fertigt sie als Clips oder verwendet Ohrstecker: Hierfür am Ende die Quetschperle weglassen, die Fäden verknoten und mit etwas Schmuck-Kleber sichern. Das Karree aus Swarovski-Perlen wird mit Schmuck-Kleber auf die Ohrsteckerplatte oder Clips geklebt.*

Tipps: *Zu diesem aufwändigen Ensemble passt am besten ein schlichter, einreihiger Fingerring aus Swarovski-Kristallschliff-Perlen. Sie können Perlen in Orangerot mit Perlen in Koralle kombinieren oder aber einen einfarbigen Ring aus 4 mm großen Perlen auffädeln. Die Perlen werden auf dünnen Schmuckdraht aufgezogen. Zum Schließen des Ringes beide Drahtenden in eine Quetschperle legen und diese zusammendrücken. Der Perlenring wird über den Finger gerollt. Dabei darauf achten, dass die Quetschperle auf der Handinnenseite liegt und somit verborgen bleibt.*

- *1,10 m Perlonfaden, Ø 0,25 mm*
- *2 Ringel in Gold*
- *1 Karabiner in Gold*

Für die Ohrringe

- *Swarovski-Kristallschliff-Perlen: 8 in Koralle, Ø 4 mm, 2 in Orangerot, Ø 6 mm*
- *12 Rocailles in Dunkelbraun, Ø 2 mm*
- *2 Quetschperlen in Gold*
- *2 Quetschkalotten in Gold*
- *2 Ohrhaken in Gold*
- *40 cm Perlonfaden, Ø 0,25 mm*

Impressum

Entwürfe und Realisation: Petra Pietsch (S. 4/5, 6/7, 12/13, 16/17, 20/21, 22/23, 24/25, 28–31)
Karina Stieler (S. 8/9, 10/11, 14/15)
Sandra Kocheise (S. 26/27)
Atelier Rayher (S. 18/19)
Lektorat: de facto : Redaktionsbüro Karola Kimmerle
Redaktion: Ulrike Bogatz
Fotos und Styling: Roland Krieg, Waldkirch
Zeichnungen: Ulrike Hoffmann
Umschlaggestaltung: Gundula Zehner-Varga, Stefan Hagen
Entwurf und Illustration „Klipp-Klapper": Stefan Hagen
Layout und Produktion: buchkonzept@web.de
Druck und Verarbeitung: J. P. Himmer, Augsburg

ISBN 3-89858-758-4

Autorinnen und Verlag haben alle Angaben und Anleitungen mit größtmöglicher Sorgfalt zusammengestellt. Dennoch kann bei Fehlern keinerlei Haftung für direkte oder indirekte Folgen übernommen werden.